Salz- und Hansestadt

LÜNEBURG

Gesamtherstellung und Copyright by
SCHÖNING GmbH & Co. KG
An der Hülshorst 5 · 23568 Lübeck
Tel. (04 51) 31 03-0 · Fax (04 51) 3 52 83
info@schoening-verlag.de
www.schoening-verlag.de
ISBN: 978-3-89917-572-1
1. Auflage

Salz- und Hansestadt Lüneburg

Dynamisch und weltoffen, aber auch eindrucksvoll „oldschool" begrüßt die historische Universitätsstadt mit ihrem so typisch hanseatischen Charme ihre Gäste. Der fast vollständig erhaltene Innenstadtbereich und die Regionen rund um Lüneburg zählen zu den beliebtesten Reisezielen im Norden. Räumlich eher zur Metropolregion Hamburg gehörend liegt die Stadt mitten im nordöstlichen Niedersachsen.

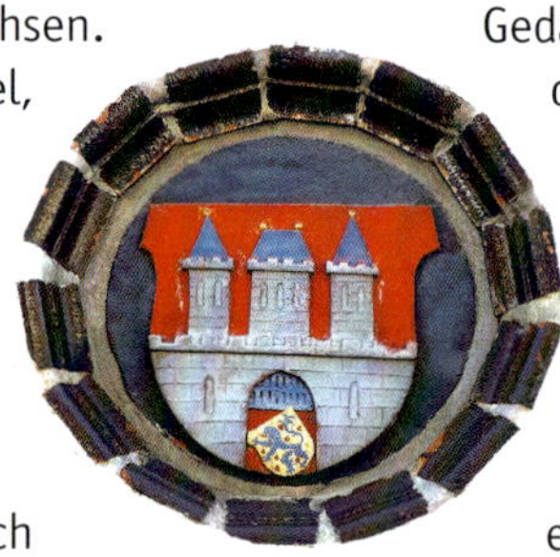

Als modernes Zentrum von Handel, Bildung und Kultur präsentiert sich die alte Hansestadt mit ihren ca. 72.000 Einwohnern ambitioniert und selbstbewusst. Mit Bravour und Hingabe meisterten die Stadtväter komplexe Aufgaben in Wirtschaft und Verkehr. Aber auch der Erhalt der historischen Altstadt, die durch Spätfolgen des Tagebaus am Kalkberg extrem stark in Mitleidenschaft gezogen wurde, stehen im Fokus der Bürgerschaft. Themenbereiche der alten Formel Mons, Pons, Fons, was soviel bedeutet wie Berg, Brücke und Quelle, schleichen sich durch die Jahrhunderte und positionieren sich brandaktuell und wie selbstverständlich auf so manchem Forum.

Wirtschaftlich betrachtet ist die Region recht solide aufgestellt. Zum einen gibt die Tourismusbranche viel neue Impulse und zum anderen sind es die vielen kleineren mittelständischen Unternehmen, die z. B. im Bereich der PKW-Innenausstattung und der Lebensmittelindustrie agieren. Vielen ist die Molkerei Lünebest noch im Gedächtnis. Und „last, but not least" ist Lüneburg auch eine Stadt der Medien, denn die Telenovela „Rote Rosen" lockt viele Besucher aus ganz Europa in das beschauliche Städtchen an der Ilmenau. Kaum zu glauben, dass die Stadt, was die Kneipendichte in Deutschland angeht, den ersten Platz belegt. Selbst im europäischen Ranking positioniert sie sich siegessicher gleich hinter Madrid.

Die Erfolgsgeschichte der heute so lebendig wirkenden Stadt begann bereits im Jahre 956 mit einer großen Geste. König Otto I. erließ den Klosterbrüdern von St. Michaelis den Zoll für seine Saline – und wer heute ein Päckchen Salz in den Einkaufswagen legt, wird sich kaum Gedanken darüber machen, wie kostbar das „weiße Gold" gewesen ist. Einst von den Kriegseinwirkungen nahezu vollkommen verschont, geht die Entwicklung der Stadt mit der der Lüneburger Saline einher. In einem Schenkungsbrief aus dem Jahre 956 wird das Salz erstmalig erwähnt. In der Saline wurde schon lange zuvor gearbeitet und hier liegt auch eine der drei Keimzellen des späteren Lüneburg. Die beiden anderen waren die Burg auf dem Kalkfelsen und eine kleine Siedlung am Fluss Ilmenau, in der schon die Langobarden Gericht gehalten haben sollen. Der Aufstieg Lüneburgs begann mit dem Wohlwollen Heinrichs des Löwen. Herzog Otto das Kind, sein Nachfolger, verlieh dann das wichtige Stadtrecht und übertrug nach und nach seine Eigentumsrechte an der Saline an die Siedemeister, also die späteren Bürgermeister und Ratsherren, deren Macht und Ansehen noch wuchs, als Lüneburg 1371 der Hanse unter der Führung Lübecks beitrat. Wie sehr den Lübeckern am Salz gelegen war, zeigt, dass sie viel Geld in die Schaffung einer durchgehenden Wasserverbindung nach Lüneburg steckten, der sogenannten „Stecknitz-Fahrt". Sie besteht bis heute als Teil des modernen Elbe-Trave-Kanals. Über diesen Wasserweg gelangte das Salz von der Saline an die Trave, wurde dort in mächtigen Salzspeichern gelagert und von den Lübecker Kaufleuten hauptsächlich nach Skandinavien verkauft. Dort wurde es in großen Mengen zur Konservierung der Fischfangerträge gebraucht. Die Goldgräberstimmung ließ eindrucksvolle Bauwerke entstehen. Aber durch Streitigkeiten mit dem welfischen Herzogshaus, enorme Rüstungsausgaben und nicht zuletzt durch die wachsende Konkurrenz geriet Lüneburg in große Finanzschwierigkeiten. Privilegien gingen verloren und Papst und Kaiser belegten die Stadt mit dem Kirchenbann und der Reichsacht. Mit viel Geschick eroberte der Rat der Stadt jedoch die frühere Stärke der Stadt zurück und Historiker sprechen davon, dass die Zeit bis zur Reformation 1524 als die eigentliche Blüte der Salzstadt gelten kann. Die Reformation mit ihrem Glaubenskrieg legte den Salzhandel fast völlig lahm – und als dann nach der Pest, die viele Opfer gefordert hatte, auch noch erst die Schweden und dann die Franzosen die Stadt besetzten, schien es mit Lüneburg zu Ende zu gehen. Doch durch erste Industrieansiedlungen und nicht zuletzt durch Einrichtung eines Sole-Heilbades gewann Lüneburg seine Kraft wieder, auch wenn seine frühere Unabhängigkeit auf immer verloren ging. Zum Aufschwung trug auch der Bau der ersten Eisenbahn von Harburg über Lüneburg nach Uelzen und später nach Lauenburg und Lübeck bei. Zugleich begann man, die alten Befestigungsanlagen und die fünf alten Stadttore abzureißen. 1866 kam das Königreich Hannover, zu dem Lüneburg unterdessen gehörte, zu Preußen. Und nach dem Kriege 1870/71 ging es dann wieder richtig bergauf. Eine rege Bautätigkeit setzte ein, Vorstädte wurden gegründet und neue Unternehmen siedelten sich an. Kurz nach der Jahrhundertwende wurde ein neues, großzügiges Bade- und Kurhaus eröffnet und der Kurpark angelegt.

Bardowicker Straße – Stift Roter Hahn

Bardowicker Straße/Baumstraße ▲

Ein erstklassiges Entree für eine Tour durch die Altstadt bietet die Bardowicker Straße. Vorbei an kleinen Geschäften mit liebevollem Interieur lohnt ein Blick in das ehemalige Hospital „Roter Hahn" aus dem 16. Jh. Entzückend präsentiert sich der Innenhof dieses denkmalgeschützten Komplexes, der Leuten mit schmalem Geldbeutel bis in die heutige Zeit ein Zuhause bietet.

Bleiverglaste Fenster, überdachte Aufgänge und gemauerte Tausteinbögen über den Türen machen deutlich, mit wie viel Liebe zum Detail hier Wohnraum auf kleinster Fläche gestaltet wurde. Doch ganz ohne Eigennutz und aus Barmherzigkeit entstand die Anlage nicht, denn der Erbauer Hinrik van Erpensen hatte Angst um sein eigenes Seelenheil und so rang er den Bedürftigen, die seine berühmten „Gottesbuden" beziehen durften, ein Versprechen ab – sie mussten ihn in ihre Abend- oder auch in die Morgengebete mit einschließen.

Im Laufe der Jahrhunderte wurde die Anlage peu à peu erweitert und so entstanden verschiedenste Wohneinheiten im Reihenhausstil.

Stift Roter Hahn mit Turm von St. Nicolai ▼

St. Nicolai

Wie ein Fingerzeig ragt der 92,7 m hohe Turm der Schifferkirche St. Nicolai in den Himmel und lädt zu einem Aufstieg hoch über die Dächer der Stadt ein. Es sind 234 Stufen zu überwinden, vorbei am wertvollsten Geläut der Stadt, der mächtigen Marienglocke, um dann in luftiger Höhe den Blick schweifen zu lassen bis hin zum „Wasserviertel", wie die Lüneburger ihre Neustadt gern bezeichnen. Im Inneren der dreischiffigen Backsteinbasilika wird der Höhenunterschied des Mittelschiffs zu den Seitenschiffen deutlich und das Auge erkennt die schlichte Schönheit des Raumes. Es fängt sich am Sternengewölbe, am Heiligenthaler Altar, aber auch am Lambertialtar aus dem 15. Jh. Dessen Bilderreihe schuf der Lüneburger Holzschnitzer Hans Snitger. Die Kirche St. Nicolai verkörpert das Leitbild eines offenen Hauses und hat vermehrt kulturelle Highlights mit klassischer Orgel- und Jazzmusik im Repertoire. Diese sind oft willkommene Gelegenheit und Ort der Begegnung auch für Menschen mit Handicap. Für dieses soziale Engagement der Gemeindemitglieder und die emotionalen Predigten im Gottesdienst erhielt die Gemeinde 2012 den Preis der Karl-Bernhard-Ritter-Stiftung.

Vis-à-vis der Kirche beeindrucken kunstvoll gearbeitete Fachwerkverzierungen neben dem Scharnebecker Hof des ehemaligen Zisterzienserklosters Scharnebeck. Die malerische Anlage wird heute als Gemeindezentrum genutzt.

Klosterhof Scharnebeck, ehemaliger Handelshof

Stintmarkt

Die Freiluftszenerie rund um den Stintmarkt mit den vielen teils rustikalen aber auch feineren Restaurants und Kneipen zeigt Lüneburg von seiner schönsten Seite. Der ehemalige alte Hafen war Garant für eine florierende Wirtschaft. Er verdeutlicht noch heute, mit dem Nachbau der berühmten Lüneburger Salzewer, wie gewieft und enthusiastisch die Kaufleute waren, ihre Produkte an den Mann bzw. an die Frau zu bringen.
Der Hafen war Dreh- und Angelpunkt für ein perfekt ausgeklügeltes Transportsystem. Eine Flotte von bis zu 50 Schiffen brachte diverse Handelsgüter – so z. B. das begehrte Salz, den Gipsmörtel, aber auch den lachsartigen „Stint“ – in Richtung Ostsee. Die Route ging über die Ilmenau zur Elbe bis nach Stade. Von dort aus weiter nach Hamburg und Lauenburg, wo die Ware auf einen kleineren Prahm geladen wurde und auf dem Stecknitzkanal dann nach Lübeck transportiert wurde. So eine Tour konnte manchmal bis zu vier Wochen dauern. Im Bauch der großen Hansekoggen sicher verstaut war nun der Weg frei bis ins Baltikum, aber auch bis in fernere Länder.
Der 15 bis 20 cm große Hering war der Fleischersatz der armen Leute und fester Bestandteil der Speisekarte vieler Schiffsbesatzungen. Mit dem Lüneburger Salz haltbar gemacht war der Fisch nun für eine lange Überfahrt geeignet und

Lüneburger Salzewer am Stintmarkt ▲

konnte auch an Fastentagen verspeist werden. Der silbrig glänzende Stint, der in den Monaten März bis April zum Laichen über die Elbe hinauf bis in die Ilmenau zieht, gleicht in Größe und Form einer Ölsardine und wird als wahrer Gaumenschmaus geschätzt. Ob im Roggenmehl gewälzt und dann in Butterschmalz gebraten, mit warmem Specksalat oder auch nur mit schnöden Pellkartoffeln serviert ist dieser Meeresfisch für Fischfans eine wahre Delikatesse.
Mit dem authentisch wirkenden Nachbau eines Salzewers auf der Ilmenau besteht die Möglichkeit einer Schiffstour zwischen Lüneburg und Bardowick.

Bunte Stintskulptur ▲

Die Holzfässer waren gefüllt mit Salzheringen, Salz und dem Gipsmörtel aus dem Kalkberg ▼

Altes Kaufhaus

Inmitten des Wasserviertels, eingefasst in einem mittelalterlichen Ambiente, befindet sich das 1745 erbaute Alte Kaufhaus. Die meisten Einheimischen kennen es noch unter der Bezeichnung „Dat Heringshus". Hier wurden viele verschiedene Waren untergestellt, die verschifft werden sollten, wie die Salzheringe und auch das aufwendig gewonnene Salz der Sülfmeister. Mitunter auch wertvolle Güter der Handelsreisenden, die auf Grund des 1392 erlassenen Stapelrechts ihre Waren hier den Lüneburgern zum Kauf anbieten mussten. Nicht alle Händler waren von dieser Regelung begeistert und so manch wütender Streit entbrannte, als der Rat sogar den Preis diktierte.

Heute sind solche Auseinandersetzungen alte Kamellen und ein renommiertes 3-Sterne-Hotel mit 83 Zimmern inklusive Sauna und Fitnessbereich und diversen Tagungsräumen kümmert sich mit größter Sorgfalt um die Belange seiner Gäste. Lediglich die blauen Löwen an der Giebelfront, die stolz das Wappen der Stadt vor sich her tragen, und die goldene Wetterfahne in Form eines Salzewers erinnern noch an die Hoheitsansprüche der Ratsherren.

◀ *Lüneburger Wappen am Giebel*

Alter Kran

Gegenüber dem Kaufhaus befindet sich der Alte Kran. Direkt über der Ilmenau aufgebaut war dieser Mittel zum Zweck, die „Ewer" zu be- aber auch zu entladen. Zwei Treträder mit jeweils vier Personen machten es möglich, Gewichte bis zu drei Tonnen problemlos zu bewegen. Oft waren es Tagelöhner und auch Löhnerinnen, die diese schwere körperliche Arbeit verrichteten. Wenn man bedenkt, dass die spezielle Schiffsform Güter bis zu 20 Tonnen aufnehmen konnte, ist man selbst heute noch „schwer" beeindruckt.

Schon im Jahre 1346 taucht eine Hebevorrichtung dieser Art in den Urkunden der Stadt auf, allerdings befand sich diese auf dem Fischmarkt. Um 1537 mit neuer Mechanik ausgestattet war er lange Zeit ein dienbarer Geist für den städtischen Handel. Das Jahr 1847 war schicksalsschwer, im wörtlichen Sinne, denn der Kran machte sich selbst überflüssig. Er verlud eine Lokomotive. Ganze drei Tage hatten die Männer zu tun, das „Dampfross" sicher zu verstauen. Die Folge war ein Strukturwandel enormen Ausmaßes, der den Niedergang der Flussschifffahrt einläutete.

Heute wirkt der hölzern, kupfergedeckte Kran wie ein Relikt aus einer längst vergangenen Zeit. Doch eines bleibt anzuerkennen – es war für die damalige Zeit eine ingenieurtechnische Meisterleistung.

Bei einer Stadtführung durch das so romantisch wirkende Wasserviertel ist ein Blick in das Innere dieses Vehikels ein interessantes Highlight. Buchbar in der Tourist-Information auf dem Marktplatz gleich neben dem Rathaus.

Treträder des Alten Krans ▶

Am Fischmarkt bei der Lüner Mühle

An den Ufern der Ilmenau gibt es viele verwinkelte Ecken und geradezu lauschige Plätzchen, die zum Verweilen einladen. Hier am Fischmarkt bei der Lüner Mühle scheint es ganz besonders schön zu sein. Leise aber stetig plätschert der Fluss vor sich hin, als würde er eine Geschichte erzählen. Vielleicht die über die letzten Grundherren, die die Mühle im 16. Jh. betrieben. Oder über das Kloster Lüne, das den Bau dieser Anlage 1391 erstmals in Auftrag gab – und wenn man ganz genau hinhört kann man den letzten Müller noch mit seinen Burschen schellten hören, die er antrieb, die Mahlsteine zu schleifen. Feststehende Betriebszeiten gab es damals nicht. Der Müller durfte immer mahlen, da die Tätigkeit stark

vom Wetter abhängig war. Bei Niedrigwasser und bei Frost standen Wasserrad und Mahlsteine still.
Heute wird das zweigeschossige Fachwerkgebäude mit Krüppelwalmdach gastronomisch genutzt. Man kann aber auch den einen oder anderen guten Tropfen käuflich erwerben.
Angegliedert an das benachbarte Hotel fügt sich das Objekt mittels der Brausebrücke zur Abtswasserkunst mit Abtsmühle ein und schafft ein beeindruckendes Ambiente.

„Das Leben ist schön" ▲

„Ich schenk' dir ein Schloss" ▼

Das Romantik Hotel Bergström ist im historischen Wasserviertel die Top-Adresse in Sachen Übernachtungen und Wellness. Komfortable Zimmer und Suiten erstrecken sich auf unterschiedlichen Liegenschaften wie die des Abtswasserturms und der Abtsmühle. Ob im Bistro „Mama Rosa", auf der Terrasse des „Marina Cafés" oder bei sanften Tönen in der Piano-Bar, dieses Haus hat das Thema Entspannung fest im Fokus.

Genauso wie auch die benachbarte Lüner Mühle mit ihrem Restaurant und der

Rote Rosen

Fällt in Lüneburg der Name „Rote Rosen“ so denkt jeder gleich an die berühmte Fernsehserie der ARD statt an duftende Blumen. Die erste Folge dieser Telenovela, dessen Hauptfigur eine Frau mittleren Alters zeigt, wurde am 6. November 2006 ausgestrahlt. Seither hat die Serie, die von Montag bis Freitag täglich über die Bildschirme flimmert, Kultstatus erreicht. Die Sendung hielt Einzug in viele deutsche Wohnzimmer und ist fester Bestandteil des Nachmittagsprogramms. Sie schaffte den Sprung vom Regionalsender bis in die gesamt bundesdeutschen Haushalte, ja sogar bis in die Schweiz wird sie ausgestrahlt. Mittlerweile kennt man aber auch in Österreich und Italien das berühmte Hotel „Drei Könige“ (Bergström). Beziehungen, Intrigen und der alltägliche Wahnsinn in Beruf und Familie bestimmen das Handlungsschema der Schauspieler. Es ist wohl genau das richtige Mischungsverhältnis zwischen Dailysoap und Telenovela, eingepackt in die so romantische Kulisse von Lüneburg, das das Publikum begeistert.

Vinothek, die über 500 Weine anbietet.
Mit einem bisschen Glück läuft einem auch der eine oder andere Schauspieler der Telenovela „Rote Rosen“ über den Weg. Die Hotelanlage zählt zu dessen bevorzugten Außendrehorten der Serie.
Bei so vielen Stars und Sternchen wird hoffentlich der traditionelle Altstadtbummel nicht auf die lange Bank geschoben.

Abtswasserkunst und Abtsmühle

Schriftsteller Mark Twain sitzt in der Sonne ▲

Beim Passieren der Brausebrücke durchschreitet man die 1530 erbaute Abtswasserkunst. Auf Drängen der hier ansässigen Brauereien hin entstand dieser fünfgeschossige Bau aber auch, um die öffentlichen Brunnenanlagen mit frischem Trinkwasser zu versorgen. Ganz uneigennützig entstand das Projekt nicht, denn das Wasser wurde vordringlich zum Bierbrauen benötigt. Das Kloster St. Michaelis selber benötigte auch ständig Wasser zur Eigenversorgung. Man schloss einen entsprechenden Vertrag. Die Abtsmühle gleich daneben gehörte Heinrich dem Löwen. Er verschenkte sie aus reiner Dankbarkeit. Gerne nahmen die Mönche dieses nachhaltige Geschenk an, denn eine Verpachtung sicherte über Jahrhunderte die Einnahmen der Ordensbrüder. Bis 1995 wurde hier noch Roggenmehl gemahlen. Heute befinden sich ansprechende Quartiere und verschiedene Restaurationen des Hotels Bergström im Inneren.

An den Brodbänken ▲

Wer selbst einmal versucht hat Brot oder Kuchen zu backen, der weiß, wie anspruchsvoll diese Tätigkeit sein kann. Die ca. 100 m lange Straße „An den Brodbänken" erinnert an das traditionelle Handwerk des Bäckers. Alte Kinderlieder wie „Backe, backe Kuchen" oder „In der Weihnachtsbäckerei" verdeutlichen liebevoll die Neigung der Konsumenten zu den teils süßen, teils herzhaften Produkten. Im Jahre 1370 erstmals erwähnt, deckten über 60 Bäckereien den Bedarf der Bürger an frischem Brot. Man nannte diesen Straßenzug zwischenzeitlich auch „Brodschrangen". Heute haben sich hinter den historischen Fassaden Läden mit Bekleidung, Shops der Telekommunikation oder auch eine namhafte Buchhandlung angesiedelt. Wer bei einem Kaffee und typisch britischen Leckereien verweilen möchte, ist hier genau richtig.

Kaufhaus Lüneburg

Ganz Lüneburg ist eine Shopping Mall – so unverblümt und selbstbewusst zieht dieser Slogan die Besucher aus dem Umland rein in die City. Das Motto scheint aufzugehen: Mit innovativen Ideen wie mit einer Einkaufs-App fürs Handy, die durch die über 400 gut sortierten Geschäfte führt, oder mit Gutscheinen, deren Festbetrag nur in der Stadt selbst einzulösen sind, kann das Citymanagement punkten. Gerade das jüngere Publikum ist entzückt. Diverse verkaufsoffene Sonntage unterstützen solche Aktionen. Nähere Informationen sind erhältlich unter: www. Einkaufsstadt-Lueneburg.de

Lüneburger Schloss

Das ehemalige Lüneburger Schloss entstand durch eine Zusammenlegung mehrerer Patrizierhäuser und wurde vom letzten Celler Herzog Georg Wilhelm 1693 in Auftrag gegeben. Er schuf für seine Frau Éléonore Desmier d'Olbreuse einen Witwensitz. Diese besuchte des öfteren ihre Tochter Sophie Dorothea, die auf Schloss Ahlen in der Verbannung leben musste. Sophie war mit dem späteren englischen König Georg I. unglücklich verheiratet. Dieser hatte eine Affäre und als sie es ihm gleichtat und sich in den Grafen von Königsmarck verliebte, wurde dieser ermordet. Sophie Dorothea von Braunschweig-Lüneburg musste von nun an unter ständiger Bewachung im Exil und ohne ihre Kinder leben. Aus der Ferne beobachtete sie, wie ihr Exmann den englischen Thron bestieg und den einhergehenden Siegeszug ihrer Kinder in Adelskreisen. Berühmte Nachfahren dieser Liaison sind bzw. waren Friedrich der Große und die Königin Elisabeth II. von England.

Nach dem Tod des Herzogs Georg lebte Éléonore noch ca. 12 Jahre hier im Schloss. Danach verwaiste das Anwesen und man brachte das Interieur nach Celle. Die Liegenschaft erfuhr nur noch eine gelegentliche Nutzung. Dann kam die Annexion der Preußen und die Immobilie war Kaserne und später Offizierskasino. Im Jahre 1925 zog das Lüneburger Landgericht in diese Räumlichkeiten. Im Inneren ist leider nicht mehr viel Ursprüngliches erhalten. Bis auf die 1987 freigelegte Stuckdecke des Italieners

Perinetti, das Gemälde im Saal 12 des Düsseldorfer Malers Brütt mit dem Titel „Gogericht“ und die kleinen Malereien in den Spiegeln des Audienzsaales. Gleich neben dem Schloss gibt es noch den Küchenpavillon. Der Herzog ließ diesen für seine Verpflegung errichten. Anfangs untersagte ihm der Rat den Einbau einer Küche. Er sollte durch die Ratsküche mit verpflegt werden. Verweilte Georg Wilhelm beispielsweise in Celle, so mussten alle seine Verwaltungsangestellten mit ihm reisen, denn sonst hätten diese darben müssen. Beim Neubau der Anlage setzte sich der Herzog allerdings über diese Bestimmung hinweg.

Herzog Georg Wilhelm ▲

▲ Éléonore Desmier d’Olbreuse

Gemälde des Malers Brütt „Gogericht“ ▲

Herzogliches Wappen über dem Portal ▲

A·1963·D

Lunabrunnen, rund um das Rathaus

Figur des Lunabrunnens ▲

Mitten auf dem Marktplatz, der von der mächtigen Barockfassade des Rathauses dominiert wird, steht ein entzückender Brunnen. Er zeigt die Mondgöttin Luna im Diana-Gewand. Der Schalenbrunnen ist leider nicht mehr im Original erhalten, er wurde 1972 gewaltsam entwendet.

Eindrucksvoll, fast monumental, erscheint das historische Rathaus dahinter und es verwundert niemanden, dass es zu den schönsten Bauwerken Norddeutschlands gehört. Das prächtige Gebäude gleicht einer steinernen Chronik zur Stadtgeschichte. Die dem Markt zugewandte Seite entstand zu Beginn des 18. Jh. und wird von dem filigran wirkenden Turm gekrönt. In ihm

befindet sich ein Glockenspiel aus Meißner Porzellan, das Melodien des berühmten Komponisten J. A. P. Schulz wie: „Der Mond ist aufgegangen" und „Ihr Kinderlein kommet" zum Besten gibt.
Die mit Blattgold verzierten Figuren aus Sandstein und die große Uhr schmücken die Fassadenfront. Früher hatte diese nur einen Stundenzeiger. Es war wohl nicht ganz so hektisch wie heute. Pünktlich sollte man allerdings schon sein, wenn man an den themenorientierten Stadtrundgängen teilnehmen möchte. Diese nehmen oft hier ihren Anfang. Zum Beispiel führt der Nachtwächter und seine Frau in den späten Abendstunden die Neugierigen durch die Stadt oder der Bürgermeister in historischer Tracht nimmt Interessierte mit in sein Rathaus. Man kann sich aber, sofern man über 16 Jahre alt ist, auch über Seuchen, Salben und Scharlatane bei der Hebamme Rieke informieren. All dies und vieles mehr ist buchbar unter: www.lueneburg.info.

Kaiser Justinian ▲

Modell der Stadt Lüneburg vor der Touristinformation ▼

Rathaus

Der Gebäudekomplex des Rathauses entstand in mehreren Bauabschnitten und belegt, wie akribisch genau und detailverliebt die Ratsherren ihr Rathaus ausschmücken ließen.
Die „Große Ratsstube" aus der Renaissance-Zeit zeugt von der großen Bedeutung, die Lüneburg im Mittelalter hatte. Die Holzschnitzereien stammen von dem bedeutenden Meister Albert von Soest, der sie im 16. Jh. schuf. Die „Große Ratsstube" wurde 1563 über dem Gewölbe der Heilig-Geist-Kapelle erbaut und sollte als im Winter beheizbarer Versammlungsraum dienen. Die Hängeleuchter des Fürstensaals stammen aus der gleichen Zeit und werden von Heiligenfiguren gekrönt. Der Fürstensaal wurde früher „Danzhus" genannt, in ihm wurden prächtige Feste gefeiert und die Hansetage abgehalten.

Kronleuchter im Fürstensaal ▲

Große Ratsstube ▼

Die Salzsau-Sage

Als noch dichte Wälder das Lüneburger Umland bedeckten, waren Jäger einer kapitalen Sau auf der Spur. Sie fanden diese schlafend in der Sonne liegend und erlegten das Tier. Bei näherer Betrachtung fiel ihnen die weißsilbrigen Kristalle in den Borsten des Tieres auf. Die Männer erkannten sofort, dass es sich in einer salzigen Lake gesuhlt haben muss. Sie gingen der Fährte nach und fanden nahe der Ilmenau die besagte Stelle. Es war im Grunde ein Wildschwein, das für den Reichtum des späteren Lüneburgs verantwortlich war. Man könnte somit recht umgangssprachlich sagen – da hat die Stadt doch Schwein gehabt. Den Schinkenknochen dieser Sau kann man heute noch in der Alten Kanzlei bestaunen.

Die Stadt Lüneburg ist berühmt für ihr prunkvolles Trink- und Speisegeschirr. In den Jahrhunderten sammelte sich einiges an und wurde zum größten Ratssilberschatz, die eine deutsche Stadt je besessen hat. Während des 30-jährigen Krieges, quasi in Notzeiten, musste ein großer Teil verkauft werden. Auch Hochzeitsgeschenke für die Landesherren dezimierten den Bestand. Ende des 19. Jahrhunderts waren nur noch 37 Teile übrig, die dann 1873 wiederum für 22.000 Taler an das Kunst- und Gewerbemuseum nach Berlin verkauft wurden. Lüneburg erhielt aber originalgetreue Galvanokopien. In Vitrinen im Untergeschoss ausgestellt erinnern kunstvolle Pokale, Konfektschalen und Besteck, aber auch filigran gearbeitete Gießgefäße an rauschende und prunkvolle Feste.

▲ *Gießgefäß im Kunstgewerbemuseum Berlin*

Blick in die Alte Kanzlei ▼

Die Gerichtslaube aus dem Jahre 1328 zählt zum ältesten Teil des Rathauses. Die Ratsmitglieder, bestehend aus wohlhabenden Sülfmeistern (Salzproduzenten), versammelten sich hier zum internen Austausch, zur Absprache und zum Empfang von Ratssendboten, die zum Teil aus weit entfernten Hansestädten ihre Neuigkeiten überbrachten. Man ließ aber auch ganz gern die Korken knallen, denn Grund zum Feiern gab es damals wie heute.
Betrachtet man die aufwendig gestaltete Holztonnendecken, verharrt das Auge unwillkürlich etwas tiefer am „Jüngsten Gericht“ und an den goldenen Lettern darunter. Der Spruch ermahnt die Ratsherren, die zum Teil auch als Richter fungierten, die Personen ohne Ansehen des Standes und des Vermögens gerecht zu beurteilen.
Die Südwand wird geprägt von einer dreigeteilten Fensterfront mit einzigartigen Glasmosaiken von 1410. Zu sehen sind die „Neun Guten Helden“ des Mittelalters, die die Regierenden an ihre eigenen Tugenden erinnern sollen.

Blick zu den berühmten „Neun Guten Helden" des Mittelalters ▲

Blick in die Gerichtslaube ▲

Bürgermeisterkörkammer

Die geheime Stube ist mit Tannenholz ausgekleidet ▲

Die Bürgermeisterkörkammer erreicht man durch einen schmalen Gang. Drei dicke hölzerne Türen machen den Raum abhörsicher. Dies war auch nötig, denn es mussten oft wichtige Verhandlungen geführt und Verträge unterzeichnet werden. Gegebenenfalls waren auch geheime Allianzen unabdingbar, um für sichere Handelswege zu sorgen. Bei langen Sitzungen sorgte der Kamin für Wärme und ein Waschbecken für die nötige Hygiene. Wurde beispielsweise der Kandidat für das Bürgermeisteramt „gekört", wurde solange auf den Sitzbänken ausgeharrt, bis man sich auf eine Person einigte.

Der Raum samt Interieur spiegelt originalgetreu das 15. Jahrhundert wider, auch das kunstvoll gefertigte Glasmosaikenfenster stammt aus dieser Epoche. Es zeigt berühmte Bürgermeister der Stadt in all ihrer modischen Pracht und schmückt die Südfront des Hauses.

◄ *Mosaikfenster der Bürgermeisterkörkammer*

Kämmerei, Heinrich-Heine-Haus

In unmittelbarer Nachbarschaft zum Rathaus befindet sich die Große Kämmerei. Ganz selbstverständlich und in Backsteinoptik spiegelt die Fassade das erstarkte Bürgertum zur Zeit der Hanse wider. Die Kämmerei war und ist auch noch heute ein Kernbereich der städtischen Verwaltung. Hier wurden Geburten und Sterbefälle registriert, Grundstücke und Hausverkäufe unter Berücksichtigung der steuerlichen Aspekte betreut, aber auch Gewerbeanmeldungen und daraus resultierenden Transaktionen verwaltet. Selbst die städtische Buchhaltung wurde in diesem Gebäude von 1476 untergebracht. Ein Blick hinter die Kulissen dieses bürokratisch genutzten Objektes lohnt sich, denn die Kämmereidiele, die Kleine als auch die Große Kommissionsstube und die Sodmeisterkörkammer sind durch ihre Innenarchitektur eine wahre Augenweide. Schräg gegenüber „Am Ochsenmarkt 1" befindet sich das Patrizierhaus des Sülf- und Bürgermeisters Hartwig von Witzendorf. Wie auch zuvor beim Kämmereigebäude ist der Treppengiebel von besonderem Interesse. Er überrascht mit einem reizenden Delfinrelief aus Sandstein und eine Gedenktafel an der Fassade erinnert an die Eltern des großen Dichters Heinrich Heine. Sie bewohnten zwischen 1822 und 1828 diese Immobilie.

Wappen am Heinrich-Heine-Haus ▼

Detail über dem Eingang am Kämmereigebäude ▲

Haus der Familie von Heinrich Heine ▲

Stadtplan

1 Rathaus (Am Ochsenmarkt/ Marktplatz)
2 Reitende-Diener-Straße
3 St. Nicolai-Kirche (Lüner Straße)
4 Am Stintmarkt
5 Alter Kran (Am Stintmarkt)
6 Altes Kaufhaus (Lüner Str./Kaufhausstr.)
7 Lüner Mühle und Abtsmühle
8 Brömse-Haus (Am Berge 35)
9 St. Johannis-Kirche (Am Sande)
10 Ratswasserkunst und Wasserturm
11 Am Sande
12 Industrie- und Handelskammer (Am Sande 1)
13 „Schwangeres Haus" (Waagestraße)
14 St. Michaeliskirche (J.-S.-Bach-Platz)
15 Kalkberg (Aussichtspunkt)
16 Deutsches Salzmuseum (Sülfmeisterstraße 1)
17 Theater (An den Reeperbahnen 3)
18 Ritterakademie (Am Graalwall 12)
19 Kloster Lüne (Am Domänenhof)
20 Museum Lüneburg (Willy-Brandt-Straße 1)
Tourist-Information
Fußgängerzone
Stadtring
Richtung Reppenstedt Salzhausen
L 216
Vor dem Neuen Tore
Dörnbergstraße
Neuetorstraße
Am Springintgut
Stadtring
Bastion
Am Graalwall
Klostergang
St. Michaelis
Auf dem Meere
Auf der Altstadt
Schnellenberger Weg
Stadtring
Kalkberg
Beim Benedikt
Untere Ohlinger Straße
Obere Ohlinger Straße
Salzbrückerstraße
Am Sülzwall
Pieperweg
Am Grasweg
Hinter der Sülzmauer
Vor der Sülze
Salzstraße
PKW & Reisebusse
Festplatz und Ausstellungsgelände Sülzwiesen
Wohnmobil-Stellplatz
Am Bargenturm
St. Lamberti Platz
Deutsches Salz-museum
Sülfmeister-straße
Sültenweg
Hinter der Saline
Sülztorstraße
Am Weißen Turm
Soltauer Straße
Kurzentrum Kurpark Gradierwerk

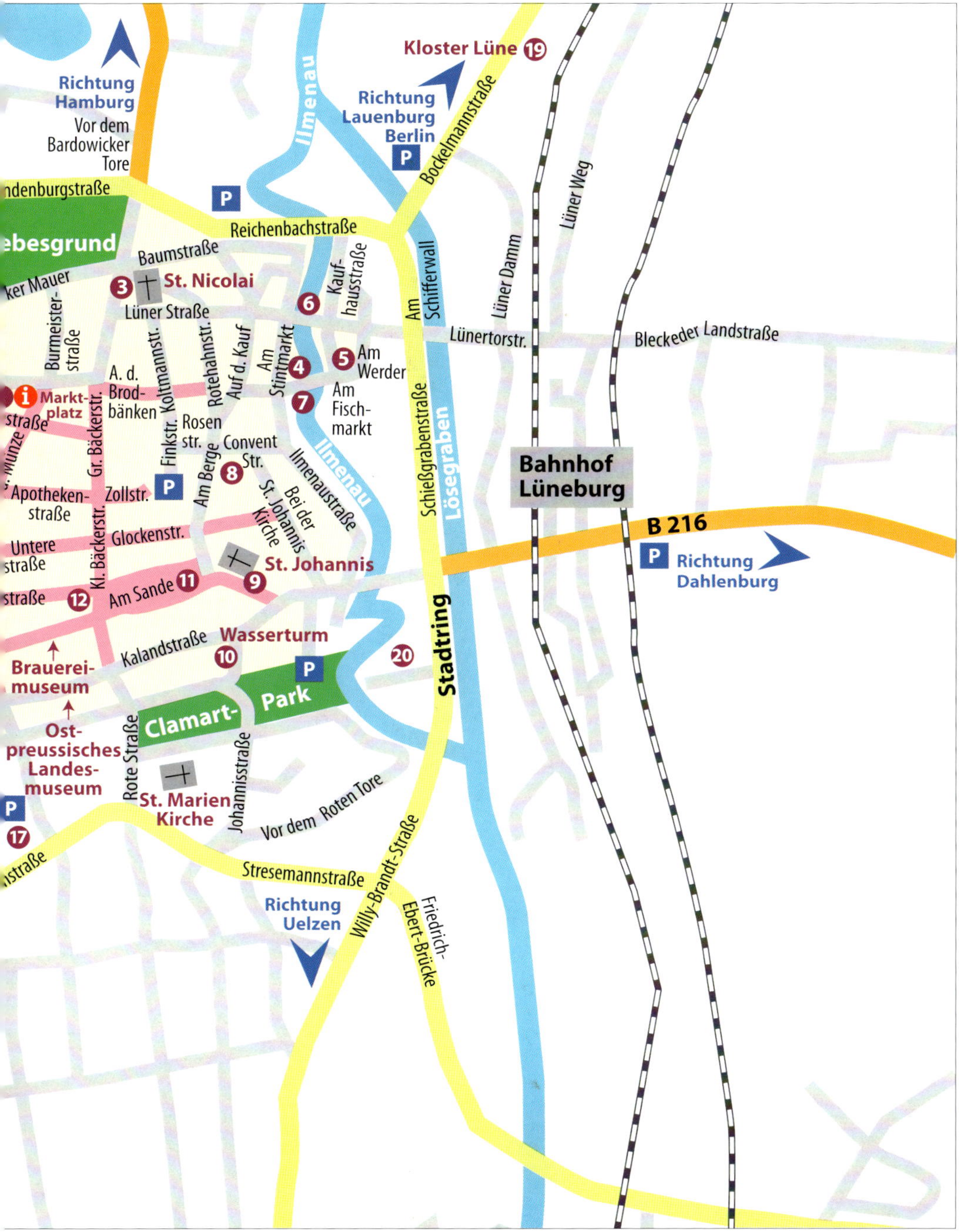
Richtung Hamburg
Vor dem Bardowicker Tore
Kloster Lüne 19
Richtung Lauenburg Berlin
Ilmenau
Bockelmannstraße
Lüner Weg
P
...ndenburgstraße
Reichenbachstraße
...ebesgrund
Baumstraße
...ker Mauer
3 St. Nicolai
Kauf-hausstraße
6
Am Schifferwall
Lüner Damm
Lüner Straße
Burmeister-straße
Koltmannstr.
Rotehahnstr.
Auf d. Kauf
Am Stintmarkt
4
5 Am Werder
Lünertorstr.
Bleckeder Landstraße
A. d. Brod-bänken
i Markt-platz
...straße
7
Am Fisch-markt
...Münze
Gr. Bäckerstr.
Finkstr.
Rosen str.
Convent Str.
Am Berge
8
Ilmenau
Ilmenaustraße
Schießgrabenstraße
Lösegraben
Bahnhof Lüneburg
Apotheken-straße
Zollstr.
Bei der St. Johannis Kirche
B 216
Untere straße
Glockenstr.
Kl. Bäckerstr.
St. Johannis
9
Richtung Dahlenburg
straße
12
Am Sande 11
Stadtring
Kalandstraße
Wasserturm
10
20
Brauerei-museum
Clamart-Park
Ost-preussisches Landes-museum
Rote Straße
St. Marien Kirche
Johannisstraße
Vor dem Roten Tore
17
...straße
Stresemannstraße
Willy-Brandt-Straße
Friedrich-Ebert-Brücke
Richtung Uelzen

Garlopenhäuser

Die Reitende-Diener-Straße mit ihren Garlopenhäusern ist fester Bestandteil vieler Stadtführungen. Die Reihenhaussiedlung, nahe des Rathauses, ist ein Überbleibsel aus dem Jahre 1554 und wurde vom Bürgermeister Hinrik Garlop in Auftrag gegeben. Die Bezeichnung „Reitende Diener" geht zurück auf eine berittene Garde, die zum Teil als Leibwachen und Kuriere für die Ratsherren tätig waren. Sie wurden aber auch für den Polizeidienst herangezogen und führten verurteilte Strafgefangene zu Hinrichtungen.

Zurück zur Architektur: sie wirkt stringent und symmetrisch. Die auffallend schönen Wappen der Garlops und ihrer verzweigten Familie lockern die Fassade auf.

Im hinteren Bereich, im historischen Klosterhof befinden sich Predigerwitwenwohnungen aus dem 16. Jh. Sie waren nach der Reformation Alterswohnsitz der hinterbliebenen Witwen. Zwei Häuser davon werden heute durch die Jugendbücherei genutzt. Das Buch steht auch im Mittelpunkt der Ratsbücherei, dessen Grundstock die Klosterbücherei im Nebengebäude bildet. Früher war der 21 m lange Saal des Refektoriums ein gern genutzter Versammlungsort mitunter auch von weltlichen Gremien.

Klosterhof mit Prediger-Witwenhäusern ▲

Wappen mit Taustein, Symbol der Hanse ▲

Ratsbücherei ▶

Schwangeres Haus

Zu den Kuriositäten der besonderen Art zählt ein Backsteinhaus in der Waagestraße. Dessen Besitzer Hermen von Bardowick hätte 1480 wohl besser Acht geben müssen in der Wahl seines Baumaterials, denn die Fassade wölbt sich extrem nach außen. Grund dafür war eine zu starke Erhitzung beim Brennen des Gipsmörtels. Diesem wurde bei zu hoher Hitze im Gipsofen zu schnell zu viel Feuchtigkeit entzogen. Er wurde quasi „totgebrannt". Über die Jahrhunderte hinweg nahm der Gips dann wieder Feuchtigkeit auf, mit dem Resultat, dass die Fugen aufquollen und die Mauern Bäuche bekamen. So skurril es auch aussehen mag, für Paare mit Kinderwunsch soll das Streicheln der Hauswand Glück bringen. Nach den Sanierungsarbeiten in Verbindung mit einem kontrastreichen Neuanstrich im Jahre 2011 mauserte sich das Gebäude zu einer der beliebtesten Sehenswürdigkeiten der Stadt.

Charmant rustikal, nichts scheint wirklich gerade an der Ecke Waagestraße/Neue Sülze. Das Gebiet der westlichen Altstadt, so auch die Straße „Auf dem Meere", steht auf einer Abbruchkante und zählt zum Senkungsgebiet der Stadt. Historische Wohnquartiere aus dem 16. und 17. Jh., liebevoll und in mühseliger Kleinarbeit erhalten, drohen für immer im Boden zu versinken. Die Spätfolgen des Abbaus der Sole erleben die Bewohner dieses Gebietes recht schmerzlich. Seit 1946 werden turnusmäßig alle zwei Jahre Messungen vorgenommen und an rund 700 Messpunkten innerhalb der Altstadt akribisch Daten gesam-

melt. Dabei wird eines recht deutlich – der Zusammenhang zwischen Erdverschiebungen und Soleförderung. Prognosen sind schwierig. Selbst im Jahre 1980 wurde noch kräftig abgepumpt, bis zu 30.000 Tonnen jährlich. Heute sind Verschiebungen von bis zu 40 cm in zwei Jahren keine Seltenheit mehr und damit eine Herausforderung für die Stadtväter. Sicherheit hat natürlich höchste Priorität. Ob statisch oder verkehrspolitisch keine leichte Aufgabe, denn Abriss kann und sollte nicht die Lösung sein. Die Touristen schätzen das mittelalterliche Stadtbild sehr und wollen es in all seiner Ursprünglichkeit erleben.

Untere Ohlingerstraße ▲

LSB

St. Michaelis

Die Michaeliskirche gehört zum gleichnamigen Kloster der Benediktinermönche, das ursprünglich vor mehr als 1.000 Jahren von Markgraf Hermann Billung am Fuße des Kalkberges errichtet wurde. Die Anlage zählt zu den drei Siedlungskernen der Stadt und markiert eine entscheidende Etappe des erstarkten Bürgertums. Nach einer Auseinandersetzung im 14. Jh. mit dem Landesherrn zerstörten aufgebrachte Städter die Burg und versetzten 1376 kurzerhand Kloster samt Kirche hinein ins Stadtgebiet. Sie schufen Tatsachen und machten so ihre Autonomieansprüche deutlich.

Zum Kloster gehörten auch seine renommierte Lehranstalten. Diese zogen ebenfalls mit um. Als reines Männerkloster, selbst lange noch nach der Reformation genutzt, waren die Schulen über die Landesgrenzen hinaus bekannt. Es schrieben sich unter anderem in der Ritterakademie Größen wie Friedrich von Schulenburg, späterer preußischer Generalleutnant des Königs Friedrich Wilhelm I., und Ernst Friedrich Herbert zu Münster, späterer Minister und militärischer Oberbefehlshaber von Hannover, ein. Auch der talentierte Musikus Johann Sebastian Bach hörte von den gehobenen Ansprüchen und von der höfischen Ausbildung. Mit Unterstützung des Organisten Georg Böhm (Johanniskirche), der im Übrigen auch aus Ohrdruf stammte, wechselte das kleine Genie am 3. April 1700 nach Lüneburg. Hier bot sich nun die Gelegenheit des kostenlosen Unterrichts. Er musste sich allerdings im Gegenzug verpflichten, bei den Mitternachtsmessen zu singen und anderen Schülern gratis Musikunterricht zu erteilen. Auch bei Beerdigungen verdienten sich die „Mettensänger", so nannte man damals die Chorknaben, so manchen Taler. Für einige war dies ein willkommenes Taschengeld.

Johann Sebastian Bach

Der große deutsche Komponist und Musikgelehrte wurde 1685 in Eisenach geboren, drückte in Lüneburg die Schulbank und zählt zu den ganz Großen seiner Zunft.

Der christliche Glaube war Muse und Motor zugleich. Werke wie die Matthäus- und die Johannes-Passion, aber auch sein Weihnachtsoratorium gehören zum festen Repertoire eines jeden Vollblutmusikers. Der Virtuose liebte das Komponieren, doch seine Augen waren nicht die Besten.

Im Alter verschlechterte sich sein Leiden und er unterzog sich einer Augenoperation, an der er wahrscheinlich 1750 verstarb. Sein Grab in der Leipziger Thomaskirche erinnert an den großen Deutschen samt seiner fulminant göttlichen Musik.

„Der Raub der Goldenen Tafel"

Die Zerstörung des Hochaltars und dem dazugehörigen Reliquienschreins ist neben dem Abbruch von St. Lamberti das Ereignis, das sich tief in das kollektive Gedächtnis der Stadt eingebrannt hat. Selbst heute noch ist der schmerzvolle Verlust dieser Kostbarkeit spürbar. Viele Herzöge hatten Gold zusammengetragen, um diesen wertvollen Altar der Christenheit fertigen zu lassen. Doch in der Nacht des 6. März 1698 gelang Nickel List mit seiner Räuberbande der ganz große Coup. Mit Hilfe eines Nachschlüssels verschafften sich diese Einlass in das Gebäude und brachen Teile des Gesamtkunstwerks heraus. Sie erbeuteten über zehn Pfund pures Gold und ließen es auch prompt einschmelzen. Die Bevölkerung war geschockt und im ganzen Land machte diese Dreistigkeit die Runde. Eine Hetzjagd auf den eh schon geächteten Nickel List begann und man stellte ihn im Oktober gleichen Jahres. Am 23. Mai 1699 ließ der Celler Herzog den Banditen List auf grausamste Art hinrichten. Ihm widerfuhr die Räderung in all seiner Härte. Man zerschlug ihm Arme und Beine, köpfte ihn und verbrannte seinen Leichnam. Sein Haupt präsentierte man auf einem Pfahl gesteckt zur Abschreckung. Auch sein Gasthaus im Erzgebirge schliff man bis auf die Grundmauern und stellte eine Schandsäule auf.

Räuberhauptmann Nickel List ▶

Der Bau der ca. 53 m langen backsteinernen Hallenkirche anno 1376 war schon zu Beginn problematisch. Grund dafür war damals wie heute der instabile Untergrund. Erst die Errichtung einer Unterkirche mit stützender Funktion im Jahre 1379 ermöglichte die Fertigstellung der Hauptkirche 1418. Heute sind die hoch aufstrebenden Säulen über 70 cm aus dem Lot ge-

raten. Sie verdeutlichen in mahnender Weise die Absenkungen dieses Gebietes. Einst durch die Goldene Tafel weltberühmt blieb nicht viel übrig von all dem Prunk. Restposten dieser Kostbarkeit verkaufte man dann noch 1796 nach Hannover. Teile wie die Kanzel von David Schwencke aus dem Jahre 1602 und das Orgelprospekt des Matthias Dropas von 1708 erinnern wehmütig an glanzvolle Tage. Auch das helle Geläut im historischen Glockenstuhl lässt nicht vergessen, dass die Geschichte von St. Michaelis samt seinem Kloster eng mit der Stadt verwoben ist.

Blick zum Orgelprospekt ▲

Kalkberg

Der heute noch 56,3 m hohe Lüneburger Kalkberg besteht vorwiegend aus Calciumsulfat, ergo aus Gips. Dieser, als Baumaterial unverzichtbare Rohstoff, wurde über Jahrhunderte hinweg bis zum Jahre 1923 hier abgebaut. Von geologischem Interesse waren aber auch Vorkommen von Boracit, im Volksmund auch als Lüneburger Diamanten bezeichnet, und Lüneburgit, ein Mineral, dessen kristalline Form sich knollenähnlich im Gips zeigt.

Bis zum Jahre 1371 stand auf dem Kalkberg eine Burg, von der aus das Fürstentum Lüneburg-Braunschweig regiert wurde. Im Zuge des Erbfolgekrieges wurde die „Hliuniburg" und auch das damalige Michaeliskloster zerstört. Letzteres wurde wieder aufgebaut, und zwar innerhalb der Lüneburger Stadtmauern. Einst vom durchdringenden Lärm des Tagebaus geprägt, ist es heute sehr ruhig geworden auf dem ehemaligen Reviergelände. Seit 1933, also zehn Jahre nach Stilllegung der Mine, wurde dieser inselartige Naturraum zum deutschen Naturschutzgebiet erklärt und war somit eines der ersten in der noch jungen Republik.
Abgeschieden neben dem Kurpark konnten sich auf einer Fläche von 3,6 Hektar über 180 unterschiedlichste Blütenpflanzen wieder neu ansiedeln. Auch verschiedenste Fledermausarten haben ihren Lebensraum schleichend und ganz leise zurückerobert.

Deutsches Salzmuseum

In Lüneburg spielt das Salz eine übergeordnete Rolle. Kurz und knapp fasste es schon 1461 der Lüneburger Bürgermeister Hinrik Lange zusammen: „De sulte dat is luneborch", das Salzwerk, das ist Lüneburg.
Bis zum späten Mittelalter hatte sich Lüneburg innerhalb weniger Jahrzehnte zu einer Großstadt entwickelt. Grund hierfür war die ungeheure Nachfrage nach dem Salz aus der Lüneburger Saline.
Als „weißes Gold" ging das Salz in die Geschichte ein. Das Lüneburger Salzwerk wurde zum größten Salzproduzenten Europas. Lüneburg wurde sehr reich. Das Geld verlieh Macht und Einfluss. Der politische Spielraum der Stadt stieg, Bürgermeister und Rat konnten ihre städtischen Interessen gegen ihren Stadt- und Landesherren durchsetzen. Im Bund der Hanse spielte Lüneburg als „das

Eingang zum Deutschen Salzmuseum ▲

Interessant sind die Führungen durch das Areal ▲

Lebensecht und chronologisch werden Arbeitsabläufe dargestellt ▼

▲ *Eine Vielzahl von Exponaten helfen, den Prozess der Salzgewinnung zu verstehen*

Salzhaus der Hanse" eine bedeutende Rolle. Erst 1980 schloss das Lüneburger Salzwerk, eines der ältesten und größten Industriebetriebe Europas, seine Pforten. Seitdem erinnert das Deutsche Salzmuseum/Industriedenkmal Saline Lüneburg an seine ruhmreiche 1.000-jährige Vergangenheit.

Doch das Museum zeigt mehr als die salzige Geschichte Lüneburgs. Als eines der ältesten Kulturgüter hat das Salz weltweit die Geschichte der Menschheit entscheidend geprägt. Nicht umsonst trägt es den Beinamen „weißes Gold".

Auch heute noch ist es ein wesentlicher Bestandteil unserer Alltagswelt, unseres Denkens und unserer Sprache. Aus dem Konser-

Multimedia-Animationswand mit Salzhandelsrouten ▼

vierungsmittel der vorindustriellen Zeit ist einer der wichtigsten Rohstoffe der chemischen Industrie geworden. Ohne Salz gäbe es kein Leben auf der Erde. Mensch und Tier sind ohne das Salz nicht lebensfähig.
Abwechslungsreich wird den oft verwunderten Besuchern dargestellt, welche Rolle das kleine weiße Kristall für ihr Leben spielt. „Fühlen Sie, riechen Sie, schmecken und sehen Sie selbst“, lädt das Museum seine Besucher ein, das weiße Mineral aktiv zu erkunden. Dabei dürfen sie sich auch als Salzsieder betätigen und in kleinen Pfannen Salzwasser zu „weißem Gold“ verkochen – und ganz wichtig, es als Souvenir zum Würzen mit nach Hause zu nehmen.

▲ *Ca. 6 t wiegt dieses 230 Mio. Jahre alte Steinsalz*

In Leiterwagen machten sich die Händler auf ihren beschwerlichen Weg ▼

Achtung! „Kirche zu verkaufen“

Der Abriss der berühmten Kirche St. Lamberti ist heute noch unvergessen und bei gerade älteren Mitbürgern durch Erzählungen noch geistig präsent. Leider erinnern nur alte Zeichnungen, Stiche und der Name des St. Lambertiplatzes an das stolze Kirchenschiff. Schon Ende des 15. Jh. wies die Bausubstanz des Gotteshauses auf Grund der Absenkungen erhebliche Schäden auf. Der schiefe Kirchturm musste 1491 durch eine neuere, leichtere Version ersetzt werden. Alle Bemühungen in den folgenden Jahrzehnten, dieses Bauwerk zu erhalten, schlugen fehl. Im Jahre 1860 gaben die Stadtväter auf. Sie vergaben für die Summe von 13.050 Talern den Abriss an zwei Unternehmen, die im Gegenzug eine Unmenge an Backsteinen erhielten. Ausgenommen waren natürlich die Grabgelege im Untergrund. Das Interieur wurde auf verschiedene städtische Sakralbauten verteilt.

Die Heiligengeiststraße präsentiert sich eindrucksvoll siegessicher im Ranking um die beliebteste Einkaufsstraße der Stadt. Wie an einer Perlenschnur reihen sich historische Backsteinbauten aus verschiedenen Epochen aneinander und sind stolzes Zeugnis mittelalterlicher Städ-

Blick in die abendliche Heiligengeiststraße mit Brauereimuseum ▲

teplanung. Es ist wohl das richtige Mischungsverhältnis aus Kunst, Kultur und Shoppingerlebnissen, das Jung und Alt gleichermaßen anspricht. Auch die Gaststube der ehemaligen Kronenbrauerei mit der Hausnummer 41 gefällt generationsübergreifend, denn die Frage – Wie braut man eigentlich ein gutes Bier? – interessiert alle in gleicher Weise. Auf dem Hinterhof, im ehemaligen Sudhaus des hiesigen Brauereimuseums, verdeutlichen Braukessel und andere Exponate die Kunst des Bierbrauens und machen Lust auf ein „kühles Blondes".

▲ *Kutschfahrt auf der Heiligengeiststraße*

Die Heiligengeiststraße ist eine der ältesten Verbindungswege von der Saline zum Platz am Sande. Ihre Namensgebung geht auf das ehemalige Heiligengeist Hospital zurück, das heute als Grundschule, Servicebüro für Senioren und durch altengerechte Wohneinheiten genutzt wird. Die komplette Innenstadt ist Fußgängerzone und nur für den Lieferverkehr in den frühen Morgenstunden befahrbar, es sei denn, man entscheidet sich für eine Fahrt mit einem Pferdefuhrwerk.
Viele Straßennamen geben Aufschluss über ihre damaligen Bewohner, so befand sich in der Straße „An der Münze" eine Münzwerkstatt und in der Grapengießerstraße wurden die typischen dreifüßigen Kochkessel, auch „Grape" genannt, hergestellt. Der Name der Schröderstraße lehnt an das altdeutsche Wort „schraderer" an. Dieses war die Berufsbezeichnung für die Schneider, die damals von Haus zu Haus zogen, um ihre Dienste anzubieten. Der Spruch: „Herein, wenn's kein Schneider ist" zeugt von der starken Frequenz der Hausbesuche. Heute ist vom traditionellen Handwerk nicht viel übrig geblieben und es prägen unterschiedlichste Gastronomiebetriebe das Straßenbild. Sushibars, Coffeeshops und Kneipen schießen wie Pilze aus dem Boden.

Medaillon am Haus An der Münze 8 ▼

Leger und beach-like wirkt die Schröderstraße ▼

Grapengießerstraße

Raths-Apotheke

Ein Zipperlein hier, ein Wehwehchen da, wer kennt nicht die Qual und auch die Pein bei körperlichen Beschwerden. Oft hilft nur der Gang zur Apotheke. In Lüneburg gab es viele davon und es war wohl wie heute auch ein einträgliches Geschäft mit der Gesundheit, wie man am Portal der Großen Bäckerstraße 9 unschwer erkennen kann.

Zum Ausgang des Mittelalters wollten die Stadtväter den ausufernden Handel mit Tinkturen und Wässerchen mit fragwürdigen Inhaltsstoffen Einhalt gebieten. Sie enteigneten kurzerhand die Besitzer und stellten diese mit Hilfe der Raths-Apotheke unter städtische Verwaltung. Den Gewinn strichen die Herrn natürlich gern ein. Der Neubau aus dem Jahre 1598 wurde mit einem althergebrachten Staffelgiebel errichtet. Besonders auffällig ist das farbenfrohe Renaissanceportal mit Stadtwappen.

Ecke Große Bäckerstraße/Am Sande beeindruckt in ca. 3 m Höhe die sagenumwobene Gestalt eines Einhorns. Diese Figur fungiert als Wegweiser, der zur nächste Apotheke führt. Als Symbol für Reinheit verkörpert das Fabelwesen das Gute auf dieser Welt und sein Horn soll antitoxisch wirken. Viele Herrscherhäuser besaßen Trinkgefäße aus eben selbigem. Dass es sich wohl eher um die Zähne des Narwales handeln könnte, wurde den Käufern bestimmt verschwiegen. Aber der Glaube versetzt ja bekanntlich Berge.

Portal der Raths-Apotheke ▲

Detail der Einhorn-Apotheke ▶

TAXI
Kronenschänke
Bäckerei
Hesse

Am Sande

Am Schütting, heutiger Sitz der IHK ▲

Der „Hansebund"

Ein Zusammenschluss von „Fahrgemeinschaften" ob per Pferdefuhrwerk oder mit dem Schiff, so könnte man kurz und knapp dieses Bündnis gleichgesinnter Kaufleute bezeichnen, deren Gründung einhergeht mit dem Erwerb von Handelsprivilegien im Jahre 1267 durch den englischen König. Diese Schar Handelsreisender, auch als „Hansa" bezeichnet, bekundete sich gegenseitig Schutz zu Wasser und an Land. Mittels der Hansetage schufen sie Strukturen, die heute im weitläufigen Sinne sozialen Netzwerken gleichen. Es wurden Kontakte geknüpft, Handelsprivilegien ausgehandelt und Verträge ratifiziert. Zwischen 1412 und 1619 gab es 23 „Hansetage" in der Stadt Lüneburg.

Der Platz am Sande mit einer Länge von 225 m und einer Breite von bis zu 40 m war schon früher Dreh- und Angelpunkt des städtischen Lebens. Seine prädestinierte Lage an den bedeutenden Handelsrouten machte diesen zum Hauptumschlagplatz für Vieh, Salz, Fisch, Bier und Wein. Aber auch Gewürze, Metalle und Tuche wechselten hier die Besitzer. Im Jahre 1229 florierte der Handel bereits so gut, dass Fuhrwerke zu Stoßzeiten lange Warteschlangen bildeten, um ihre Wagen zu be- und entladen. Über Jahrhunderte hinweg boomte der Handel und füllte die Geldbeutel der Kaufleute und Ratsherren.

Die Häuser mit ihren entzückend teils gotischen, teils barocken Giebeln flankieren den Platz und spiegeln den Wohlstand aber auch den Zeitgeist dieser Epoche wider. Sie waren nicht nur Wohnquartier der Kaufleute und deren Familien, sie wurden auch als sicheres Lager und als funktionsfähiges Kontor genutzt. Heute hat sich im Grunde nicht viel geändert, außer dass der Platz gepflastert wurde, denn Handel wird nach wie vor betrieben und auch der eine oder andere schmackhafte Snack wird gern in der Sonne verzehrt.

Detail Am Schütting ▲

Medley
LOTTO

St. Johanniskirche

Blick in die Hallenkirche ▲

Blick zur Orgel ▲

Imposant erhebt sich der leicht schiefe Turm der St. Johanniskirche und macht gerade dieses Gotteshaus mit Handicap so einzigartig in der Riege der norddeutschen Backsteinbauten. Ganze 2,20 m Richtung Westen und 1,30 m Richtung Süden ist er aus dem Lot geraten und verschafft der fünfschiffigen Hallenkirche somit ungewollt ein Alleinstellungsmerkmal in einer Stadt, die der Absenkung den Kampf angesagt hat.

Die Pfarrkirche hat aber nicht nur äußerlich einiges zu bieten, auch innerhalb dieser heiligen Hallen setzen Kunstwerke wie der Schnitz- und der Kreuzigungsaltar, aber auch die berühmte Orgel Akzente. Sie sind allerdings nur ein Bruchteil dessen, was die Pfarrkirche im 15. Jh. einst besaß. Vieles ging verloren, aber es kamen auch interessante Stücke dazu, wie z.B. das Taufbecken der abgerissenen St. Lambertikirche.

Beim Rundgang inklusive Turmbesteigung und Orgelführung erfährt man auch noch etwas über die statischen Probleme, über Georg Böhm, den berühmten Organist und Kantor, aber auch von dem jungen Johann Sebastian Bach.

Brömsehaus, Am Berge

Ein Highlight der hanseatischen Backsteinkunst ist das nach dem Sülfmeister Dietrich von Brömse benannte Haus in der Straße Am Berge 35. Dank den hingebungsvollen Rekonstruktionsarbeiten der deutsch-baltischen Kulturstiftung ist es eines der ältesten Bürgerhäuser der Stadt und bietet somit einen authentischen Einblick in die Wohnkultur des frühen 15. Jh. Ob in der rustikal charmanten Diele mit bemalter Balkendecke oder unter der figürlich faszinierenden Stuckdecke aus dem Jahre 1637, hier ist schon die Verweildauer an sich ein Erlebnis. Und wenn man dann noch von interessanten Vorträgen, Seminaren aber auch Konzerten der Stiftung inhaltlich gefesselt wird, kann man von einem gelungenen Event sprechen. Einen Steinwurf weit entfernt im Hauseingang Nr. 37 befindet sich ein ähnlich interessantes Objekt, deren Fassade aus dem Jahre 1568 stammt. Dahinter versteckt sich allerdings ein viel älteres Gebäude, das einst vom Blauen Convent mit klösterlichem Ambiente genutzt wurde.

Konzert im Brömsehaus ▲

Detail am Brömsehaus ▼

Detail vom Palais Am Berge Nr. 37 ▼

Kalandhaus, Ratsmühle

Das Gebäude der Kalandbruderschaft kann auf eine wechselvolle Geschichte zurückblicken und stammt aus dem Jahre 1491. Die drei goldenen Figuren über dem Portal zeugen vom sozialen Engagement seiner Mitglieder. In den Statuten dieser Gemeinschaft ging es um die Pflege von Armen und Bedürftigen, aber auch um das eigene Seelenheil. Nach dem Gottesdienst in der St. Johanniskirche prozessierten die Kalandbrüder und -schwestern an bestimmten Festtagen in einheitlichem Gewand zu ihrem Vereinshaus in der Kalandstraße. Nach der Reformation erfolgte die Auflösung der Bruderschaft und das Gebäude fiel an den Rat. Dieser brachte später den Rektor des Johanneums hier unter, aber auch als Turnhalle wurde die große Diele genutzt.

Figuren am Kalandhaus ▲

„Es klappert die Mühle am rauschenden Bach" so heiter klingt ein Kinderlied aus längst vergangenen Tagen und erinnert daran, dass der Mühlbetrieb, wie z.B. der der Ratsmühle an der Ilmenau, in der ganzen Stadt zu hören war. Tag und Nacht vernahm man den Lärm der drei Mühlräder, aber das Korn musste gemahlen werden. Lieber das Klipp und Klapp der Mühle, dachte man sich, als im Winter hungern zu müssen.

Blick zur alten Ratsmühle mit Wasserturm ▼

Kurgebiet

Im südlichen Bereich der Stadt, entrückt vom Trubel der City, steht das Thema Kur und Wellness im Fokus. Ob in den Bade- und Saunawelten der Salztherme SaLü oder im großzügig angelegten Kurpark von 1907, dieses Areal steht für Ruhe und Rekonvaleszenz. Im traditionell englischen Stil angelegt bietet die 23 Hektar große Anlage Entspannung par excellence. Auf geschwungenen Wegen, vorbei an kleinen Baumgruppen und einem Teich, dessen heiter plätschernde Fontänen zu einer kleinen Pause einladen, wirkt die Schönheit dieser Anlage wie Balsam für die Seele.

Geht es um Genesung von Atemwegserkrankungen, stehen Rundgänge im Gradierwerk auf der „To-do-Liste" so mancher Patienten. Das Prinzip ist relativ simpel. Ein dichtes Flechtwerk von Schwarzdornzweigen zerstäubt die darüber tropfende Sole und schafft so in nächster Nähe eine jodhaltige Atemluft. Diese wirkt lindernd bei Pollenallergikern aber auch bei Asthmatikern.

SaLü – Salztherme Lüneburg ▲

Fontäne im Kurpark ▲

Gradierwerk im Kurpark ▼

Kloster Lüne

Das nahegelegene Kloster Lüne liegt etwa 20 Minuten Fußweg von der Innenstadt entfernt. Hinter alten backsteinernen Mauern des 14. Jh. verbirgt sich ein modern geführtes evangelisches Damenstift. Dieses Konvent samt seiner christlichen Lebensform wird von der Hannoveraner Klosterkammer verwaltet.

Der herrlich alte Baumbestand, eingebettet zwischen malerisch wirkenden Streuobstwiesen, entzückt die Besucher. Aber nicht nur rein äußerlich beeindruckt die Anlage, sein wahres Juwel offenbart sich im Inneren. Das Kloster der ehemaligen Benediktinerinnen brannte mehrfach nieder, wurde aber flugs wieder aufgebaut und das liebevoll bemalte Refektorium, die helle Brunnenhalle oder auch der Klostergarten mit Vogelhäuschen verzückt die Besucher. Bucht man einen Rundgang, ist so mancher Insider mit inbegriffen, so z. B. über die „Uhlenflucht" oder über den „Sarggang". Natürlich ist auch die Einkehr im Klostercafé als auch beim Gottesdienst möglich.

Der klösterliche Alltag war und ist angefüllt mit Spiritualität aber auch mit nutzbringender Arbeit. Die Frauen im Konvent erwarben über die Jahrhunderte hinweg enorme Kunstfertigkeit in Sachen Stickerei und Webarbeit. Berühmte Stücke, auch aktuelle Webkunst, werden stolz im eigenen Textilmuseum präsentiert. Die Exponate reichen von historischen Altardecken und Fastentüchern über Banklaken bis hin zu großen Teppichen.

Kloster Lüne – Innenhof im Sommer ▶

Brunnenhalle ▼

Wirk- und Stickereiarbeiten ▼

Kreuzgang ▼

Lüneburger Heide

Die Lüneburger Heide, mit ihren zusammenhängenden Heideflächen, Geest und Waldlandschaften gehört zu den meistfrequentierten Tourismusregionen in Norddeutschland und sucht in ganz Europa ihresgleichen. Die räumliche Nähe zur Stadt Lüneburg gab der ältesten Kulturlandschaft in Deutschland den so signifikanten Namen. Die Farbe Lila dominiert und bleibt im Gedächtnis. Wacholder, Schnucken und Heidekraut assoziieren Heimatgefühle im Retrolook.

Ganz und gar nicht verstaubt sind die vielen Freizeitparks, die die Besucher im Frühling zu Scharen in die Lüneburger Heide locken. Nirgends gibt es eine größere Dichte. Dieser Facettenreichtum erschafft eine Urlaubsregion, die für die ältere Generation ebenso interessant ist wie für die Jungen. Es ist wohl die

richtige Mischung von Natur- und Freizeitparks, die gut ankommt. Hohe Besucherzahlen spiegeln recht deutlich die Akzeptanz dieser Dualität wider. Das Motto der Tourismusregion: Stadt, Land, Spaß bringt es auf den Punkt. Städte wie Lüneburg, Celle und Bad Bevensen bilden eine geschichtsträchtige Kulisse in einem Landstrich, wo der Naturschutz an erster Stelle rangiert.

Aha-Effekt

Mühle in Bardowick ▲

Spargel aus der Region ▲

Hätten Sie gewusst, dass der einstige Flecken Bardowick heute mit einer Einwohnerzahl von ca. 6.700 einmal größer war als die gesamte Lüneburger Altstadt? Oder dass der köstlichste Spargel dieser Region hier auf den Tisch kommt? All dies und vieles mehr erfährt man bei einem Besuch in der Hansestadt. Man hört Geschichten über den Lüneburger Erbfolgekrieg, über die älteste Druckerei der Welt und warum Münzlehrlinge damals Narrenkappen mit Schellen trugen. Aber auch von Events wie dem Lunatic Festival im Juni oder dem Lüneburger Weihnachtsmarkt ist die Rede. Letzteres ist ein absoluter Touristenmagnet und sorgt für hohe Besucherzahlen in der Vorweihnachtszeit. Vielleicht wäre dieser auch ein willkommener Anlass mal wieder reinzuschauen in die so anheimelnd romantische Hansestadt an der Ilmenau.